DE:

PARA:

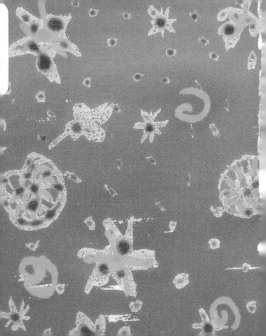

Reflexiones
sobre la
vida

Reflexiones sobre la vida / selección Miguel Fernando
Mendoza; ilustraciones Jorge Pachón.-- Bogotá:
Panamericana Editorial, 2003.

    96 p.: il.; 9 cm. -- (Canto a la vida)
    ISBN 958-30-1051-0

    1. Vida - Citas, máximas, etc. 2. Valores sociales - Citas,
máximas, etc. I. Mendoza, Miguel Fernando, comp. II.
Pachón, Jorge, il. III. Serie
113.8 cd 20 ed.
AHP3855

CEP-Banco de la República-Biblioteca Luis Ángel Arango

Reflexiones sobre la vida

Editor
Panamericana Editorial Ltda.

Edición
Mónica Montes Ferrado

Selección de textos
Miguel F. Mendoza

Diagramación
Diego Martínez Celis

Ilustraciones
Jorge Pachón

Primera edición, septiembre de 2003
Segunda reimpresión, julio de 2005

©Panamericana Editorial Ltda.
Calle 12 No. 34-20 Tels.: 3603077 - 2770100
Fax (571) 2373805
Correo electrónico: panaedit@panamericanaeditorial.com
www.panamericanaeditorial.com
Bogotá D.C., Colombia

ISBN 958-30-1051-0

Impreso por Panamericana Formas e Impresos S.A.
Calle 65 No.95-28 Tel.: 4302110 Fax:(57 1) 2763008
Quién sólo actúa como impresor

Impreso en Colombia   Printed in Colombia

Fe
es
la
fuerza
de
la
vida.

León Tolstoi

Tú vives siempre en tus
actos, con la punta de tus
dedos pulsas el mundo,
le arrancas auroras,
triunfos, colores, alegrías:
es tu música.
La vida es lo que tú tocas.

Pedro Salinas

*Lo importante en la vida
no es superar a los demás
sino superarnos
a nosotros mismos.*

Thomas L. Monson

*La vida es una larga
lección de humildad.*

James M. Barrie

Lo mejor de la vida
son las ilusiones.

Honoré de Balzac

*La vida es la constante
sorpresa de saber que existo.*

Rabindranath Tagore

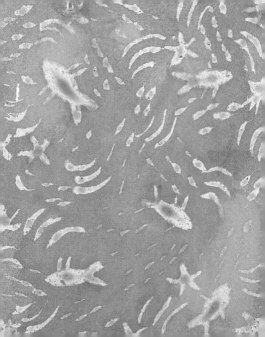

La cosa más bella que
podemos experimentar
es lo misterioso.
Es la fuente de toda verdad y
ciencia. Aquel para quien esa
emoción es ajena, aquel que
ya no puede maravillarse y
extasiarse ante el miedo, vale
tanto como un muerto: sus
ojos están cerrados.

Albert Einstein

La vida se sostiene por los estímulos, sin ellos morimos lenta, triste y airadamente.

Celeste Holm

*Una vida inútil es una
muerte prematura.*

Goethe

Debemos vivir y trabajar, en cada momento, como si tuviéramos la eternidad ante nosotros.

Gabriel Marcel

La mayor expresión
de la belleza
es la vida misma.

Alicia Alonso

Ya la vida del hombre
no es un mito;
no es un fósforo y carbón.
Hay un espacio
espléndido, infinito.
¡Hay alma y corazón!

Rubén Darío

Nuestras vidas son la verdadera expresión de nuestros pensamientos.

Marco Aurelio

*El romper de una ola
no explica todo el mar.*

Nabokov

La vida es una serie de colisiones con el futuro; no es una suma de lo que hemos sido, sino de lo que anhelamos ser.

Ortega y Gasset

A los veinte años
reina la voluntad;
a los treinta el ingenio;
y a los cuarenta el juicio.

Benjamín Franklin

Son tiempos crueles cuando
somos traidores sin saberlo,
cuando escuchamos
los rumores del temor sin
saber lo que tememos,
cuando flotamos sobre un
mar agitado y violento.

William Shakespeare
Macbeth, fragmento

Lo pasado ha huido,
lo que esperas
está ausente,
pero el presente
es tuyo.

Proverbio árabe

El ayer se ha ido río abajo
y no puedes hacer nada
para que regrese.

Larry M. Murtry

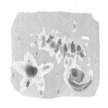

*Lo importante es que
dondequiera que vayas y
dondequiera que estés,
escuches la música
de la vida.*

Buda

¿Qué es la vida?
Un frenesí;
¿Qué es la vida?
Una ilusión,
una sombra, una ficción.
Y el mayor bien es
pequeño; que toda la vida
es sueño, y los sueños,
sueños son.

Pedro Calderón de la Barca

La vida es un paraíso,
pero los hombres no lo saben
ni se preocupan de saberlo.

Fedor Dostoievski

La vida es como una leyenda:
no importa que sea larga,
sino que sea bien narrada.

Séneca

La vida es querer sin descanso o restaurar cotidianamente la propia voluntad.

Henri Fréderic Amiel

No he nacido
para un solo rincón,
mi patria es todo el mundo.

Séneca

La vida es dulce o amarga;
es corta o larga.
¿Qué importa?
Quien la goza, la halla corta;
y quien la sufre,
la halla larga.

Ramón de Campoamor

Se puede vivir
aceptando el absurdo,
no se puede vivir
en el absurdo.

Garine

*La vida se nos da, y la
merecemos dándola.*

Rabindranath Tagore

¿No es la vida cien veces
demasiado breve para
aburrirnos?

Friedrich Nietzsche

*Si no crees que cada día de la
vida es un buen día,
prueba a perderte de uno.*

Cavett Robert

Nuestras vidas
son los ríos que van a dar
en la mar que es morir.

Jorge Manrique

La vida de cada hombre es
un camino hacia sí mismo,
el ensayo de un camino,
el boceto de un sendero.

Hermann Hesse

La vida es como un campo
de nieve recién caída:
por dondequiera que uno
camine, se notarán
las huellas.

Anónimo

*Tu vida no es
una coincidencia,
es un reflejo de ti.*

Héctor Reyes

Entre la fe y la incredulidad, un soplo. Entre la certeza y la duda, un soplo. Alégrate en este soplo presente donde vives, pues la vida misma está en el soplo que pasa.

Omar Khayyam

La vida es una serie de sorpresas.

Ralph Waldo Emerson

En la vida sucede como con los caminos: el más corto es el más sucio, y el más hermoso es el más largo.

Francis Bacon

No hay más que una vida;
por lo tanto, es perfecta.

Paul Eluard

La naturaleza de la vida
trabaja siguiendo un método
basado en todos para uno y
uno para todos.

Ralph Waldo Emerson

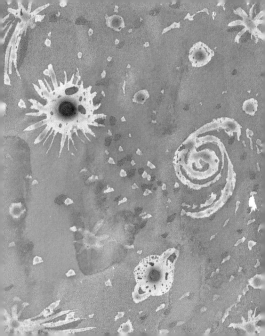

Recuerda que sólo tienes un alma; que sólo tienes una muerte que morir; que sólo tienes una vida, que es corta y que tiene que ser vivida sólo por ti.

Teresa de Ávila

La vida es corta;
pero a juzgar por la obra
de los que han sabido
trabajar bien, es larga.

Séneca

Si nuevamente viviera,
quisiera que la vida fuera tal
como ha sido. Sólo abriría un
poco más los ojos.

Jules Renard

*La alegría del alma forma
los bellos días de la vida,
en cualquier época que sea.*

René Descartes

La vida es un juego del que nadie puede retirarse llevándose las ganancias.

André Maurois

Está bien considerar al mundo como un sueño. Cuando se tiene una pesadilla y uno se despierta, se dice que aquello no fue más que un sueño. Se dice que el mundo en el que vivimos no es muy diferente a un sueño.

Jocho Yamamoto

*Como cada uno es, tal cual
es su vida.*

Platón

He sido un hombre afortunado en la vida: nada me parece fácil.

Sigmund Freud

Quien nunca cometió un error en la vida, jamás descubrió nada.

Mark Twain

La vida no premia ni castiga, no condena ni salva, o, para ser más exactos, no alcanza a discernir estas complicadas categorías.

Virgilio Piñera

Hay un pasado que se fue para siempre, pero hay un futuro que todavía es nuestro.

Robertson

Nadie puede hacer el bien en un espacio de su vida, mientras hace daño en otro. La vida es un todo indivisible.

Mahatma Gandhi

La vida es un misterio
y no un delirio.

Alphonse de Lamartine

Tras el vivir y el soñar,
está lo que más importa:
el despertar.

Antonio Machado

Hora de amor
es para mí la vida.

Novalis

Es mejor llegar a ser que haber nacido siendo.

Marco Fidel Suárez

*La vida debe ser una
continua educación.*

Gustave Flaubert

*Muchos emplean la mitad
de su vida en hacer
miserable la otra media.*

Benjamín Franklin

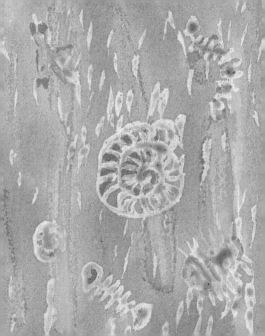

Nosotros pedimos gozar una larga vida; pero es la vida profunda o los grandes momentos los que tienen importancia. Que la medida del tiempo sea espiritual y no mecánica.

Ralph Waldo Emerson

En la vida los años enseñan
muchas cosas que los días
desconocen.

Ralph Waldo Emerson

La vida,
tomándola tal como es,
sin exageraciones ni engaños,
no es tan mala
como dicen algunos.

Gustavo Adolfo Bécquer

La experiencia es lo que le permitirá reconocer un error cuando lo cometa de nuevo.

Arthur Bloch

De nada sirve correr; lo que conviene es partir a tiempo.

Jean de La Fontaine

Así como el sabio no escoge los alimentos más abundantes, sino los más sabrosos, tampoco ambiciona la vida más prolongada, sino la más intensa.

Epicuro

Desdichada la vida del hombre en la que no perdura nada del niño.

Arturo Graf

Si está pensando en un año, cultive arroz. Si está pensando en veinte años, siembre árboles. Si está pensando en cien años, cultive hombres.

Proverbio chino

Hay tres cosas en la vida
que no vuelven atrás: la
palabra pronunciada, la
flecha lanzada y la
oportunidad perdida.

Proverbio chino

Si no quieres caer en el olvido después de muerto, escribe cosas dignas de leerse o haz cosas dignas de escribirse.

Benjamín Franklin

*¡Qué descansada vida
la del que huye del
mundanal ruido,
y sigue la escondida senda
por donde han ido
los pocos sabios que en el
mundo han sido!*

Fray Luis de León

Incluso quien pretende elevarse por encima de todo destino, incluso quien escapa de la vida para no herirla, origina a su vez un destino.

Jean Marie Domenach

*El destino es la conciencia de
sí mismo, pero como si se
tratara de un enemigo.*

Hegel

La vida es un proceso lento
y continuo.
No por madrugar más,
amanece más
temprano.

Anónimo

*No dejes transcurrir
el tiempo sin disfrutar
de tu vida.*

E. Meneses

Tales decía que no existía diferencia entre la vida y la muerte. "¿Por qué no mueres entonces?", le preguntaron. "Porque no hay diferencia alguna", repuso.

Diógenes Laercio

*La vida no se ha hecho
para comprenderla,
sino para vivirla.*

George Santayana

*Bien predica
quien bien vive.*

Miguel de Cervantes

Nací sin saber por qué.
He vivido sin saber cómo.
Y muero sin saber cómo
ni por qué.

Pierre Gassendi

Nuestra vida
no es sino una cadena
de muchas muertes.

Edward Young

*En verdad que el hombre
no es más que una sombra,
y la vida, un sueño.*

Joseph Addison

Sin utopía la vida sería un ensayo para la muerte.

Joan Manuel Serrat

*¿Qué es la vida humana en
este mundo inconstante?
Nada más que un instante.*

Adam Mickiewicz

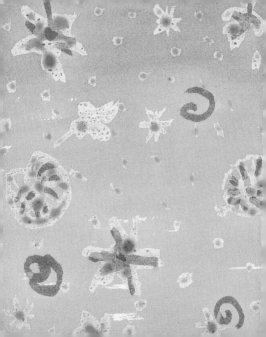